AF466384

ESSAI

sur

L'ORGANISATION

de

L'ÉCOLE CENTRALE

par

N. MÉLIK

VINGT EXEMPLAIRES DE LUXE

SUR PAPIER DU JAPON

EXEMPLAIRE N° 4

La question du placement de nos jeunes Camarades, celles de l'organisation et de l'avenir de notre École, sont l'objet de la constante sollicitude des Ingénieurs éminents qui se succèdent à la tête de notre Association amicale.

L'étude de ces questions est complexe dans son essence et très importante à une époque où le monde intellectuel fait, plus que jamais, appel à la forme élégante de la science de l'Ingénieur Français, pour le guider dans le domaine du génie civil. Elle est délicate à divers égards et conduit à des considérations et à des observations dont l'élévation même démontre le besoin impérieux de rechercher à appliquer des méthodes plus en rapport avec la grandeur de notre mission et de nos aspirations.

Je n'ai pas la prétention de lui donner tout le développement qu'elle comporte, mais je crois bon de donner quelques indications sur les mesures dont la réalisation semble s'imposer de de plus en plus.

A cet effet, j'ai divisé mon travail en deux parties :

Le premier chapitre donne les grandes lignes d'une méthode active, tendant à assurer des résultats plus favorables dans le placement de nos Camarades qui méritent bien que l'Association fasse des sacrifices de temps et d'argent encore plus considérables que par le passé.

Le deuxième chapitre tend à assurer la supériorité de nos Camarades, en élevant à un degré supérieur la méthode d'enseignement de l'École ; car il y a trop longtemps que l'on piétine sur place en attendant des jours meilleurs. Cessons d'attendre et prenons les mesures que je crois nécessaires pour la réalisation de nos légitimes ambitions.

LE PLACEMENT DES CENTRAUX

dans l'Industrie

L'ORGANISATION & L'AVENIR

DE

l'École Centrale

par

N. MÉLIK

Ingénieur des Arts et Manufactures

I

LE PLACEMENT

DES CENTRAUX

dans l'Industrie

I

LE PLACEMENT DES CENTRAUX DANS L'INDUSTRIE

Pour entrer en matière, je me suis borné à étudier, à titre d'exemple, la question de savoir comment sont répartis les Centraux dans l'industrie des transports par voie de fer, en France, et à rechercher les moyens que l'on pourrait peut-être préconiser pour arriver, non seulement à maintenir cette répartition, mais encore à l'améliorer. Dans une prochaine étude, j'examinerai la même question dans d'autres industries.

Pour les 37.300 kilomètres de chemins de fer des sept grands réseaux qui sillonnent la France, on doit envisager la question des emplois au point de vue quantitatif, tout en restant dans les rangs de ceux qui font acte d'Ingénieur ; car, au vu de l'analyse qualitative de ces emplois, l'on serait peut-être tenté de supposer, à priori, que je veux engager ici une polémique ou une lutte avec les Ingénieurs des autres Ecoles dont j'apprécie, au contraire, la haute valeur au même degré que celle des Centraux. Qu'il soit donc dit, une fois pour toutes, que je ferai de simples constatations, sans amertume ni critique, dans le seul but de chercher à fortifier notre organisme, j'entends notre organisation, et nous mettre ainsi à l'abri de l'envahissement de nos distingués concurrents, à l'activité desquels je rends le plus grand hommage.

D'après mes recherches, qui ont donné des résultats aussi exacts que possible et tout au moins comparables entre eux (les causes d'erreurs étant les mêmes pour les trois Écoles considérées), il existe dans les sept grands réseaux des chemins de fer de France (statistique de Juin 1903) :

307 pipos,

355 centraux,

et 563 gadzarts, non compris un millier de gadzarts, mécaniciens, chauffeurs, employés, etc., dont la situation n'atteindra probablement pas le niveau des emplois occupés par leurs 563 camarades qui rentrent dans le cadre de cette étude.

La répartition de ces trois nombres, sur les divers Réseaux, est détaillée dans les tableaux suivants, en classant les compagnies d'après leurs densités kilométriques respectives :

DÉSIGNATION des ORIGINES	ÉTAT 2916 k	MIDI 3688 k	NORD 3765 k	EST 4922 k	OUEST 5743 k	ORLÉANS 7050 k	P. L. M. 9247 k	TOTAUX
Centraux ...	11	20	124	56	49	39	56	355
Pipos	20	28	47	36	51	35	90	307
Gadzarts	53	33	54	73	87	71	192	563
TOTAUX ...	84	81	225	165	187	145	338	1.225

Le seul résultat essentiel qui puisse ressortir de ce tableau c'est que, les élèves des trois écoles réunies occupent en tout, 1.225 emplois parfaitement sortables. Je constate pourtant subsidiairement que l'Etat, l'Ouest, l'Orléans et surtout le P. L. M., quatre réseaux, sur sept, montrent une préférence bien caractérisée pour les Ecoles d'Arts et Métiers. Ce n'est qu'au Nord et à l'Est que les Centraux sont en nombre sensiblement plus grand que les pipos ; à l'Etat et au P. L. M., c'est le contraire qui se présente.

Il est également intéressant de savoir combien d'élèves des trois Ecoles occupent les diverses Compagnies, pour *cent kilomètres* de leurs réseaux respectifs, car nous aurions ainsi des coefficients comparables entre eux.

Voici trois tableaux qui donnent ces coefficients pour les divers services de chaque Compagnie :

Coefficients Central-kilométriques pour 100 kil. de réseau

DÉSIGNATION des SERVICES	ÉTAT 2916 k	MIDI 3688 k	NORD 3765 k	EST 4922 k	OUEST 5743 k	ORLÉANS 7050 k	P. L. M. 9247 k	COEFFICIENTS MOYENS
Matériel et Traction..	0.10	0.16	1.25	0.47	0.49	0.33	0.09	0.41
Voie et Construction..	0.21	0.24	0.50	0.45	0.28	0.16	0.27	0.30
Exploiton, Mouvement.	0.07	0.08	1.33	0.18	0.03	0.04	0.22	0.28
Divers...........	0.00	0.06	0.21	0.04	0.05	0.02	0.03	0.06
TOTAUX...	0.38	0.54	3.29	1.14	0.85	0.55	0.61	1.05

Coefficients Pipo-kilométriques pour 100 kil. de réseau

DÉSIGNATION des SERVICES	ÉTAT 2916 k	MIDI 3688 k	NORD 3765 k	EST 4922 k	OUEST 5743 k	ORLÉANS 7050 k	P. L. M. 9247 k	COEFFICIENTS MOYENS
Matériel et Traction..	0.14	0.24	0.34	0.24	0.24	0.14	0.30	0.23
Voie et Construction..	0.14	0.27	0.42	0.22	0.28	0.16	0.28	0.25
Exploiton, Mouvement.	0.31	0.20	0.42	0.20	0.34	0.16	0.35	0.28
Divers...........	0.10	0.06	0.05	0.06	0.02	0.04	0.03	0.06
TOTAUX...	0.69	0.77	1.23	0.72	0.88	0.50	0.96	0.82

Coefficients Gadzart-kilométriques pour 100 kil. de réseau

DÉSIGNATION des SERVICES	ÉTAT 2916 k	MIDI 3688 k	NORD 3765 k	EST 4922 k	OUEST 5743 k	ORLÉANS 7050 k	P. L. M. 9247 k	COEFFICIENTS MOYENS
Matériel et Traction..	0.92	0.43	0.93	0.89	0.83	0.58	1.23	0.83
Voie et Construction..	0.79	0.41	0.50	0.59	0.66	0.41	0.82	0.60
Exploiton, Mouvement.	0.11	0.05	»	»	0.02	0.02	0.02	0.03
TOTAUX...	1.82	0.89	1.43	1.48	1.51	1.01	2.07	1.46

Le tableau ci-dessous résume les trois précédents et permet de faire les constatations les plus intéressantes :

ÉSIGNATION des ORIGINES	ÉTAT 2916 k	MIDI 3688 k	NORD 3765 k	EST 4922 k	OUEST 5743 k	ORLÉANS 7050 k	P. L. M. 9247 k	COEFFICIENTS MOYENS
entraux....	0.38	0.54	3.29	1.14	0.85	0.55	0.61	1.05
ipos.......	0.69	0.77	1.23	0.72	0.88	0.50	0.96	0.82
adzarts....	1.82	0.89	1.43	1.48	1.51	1.01	2.07	1.47
TOTAUX...	2.89	2.20	5.95	3.34	3.24	2.06	3.64	3.34

Le Midi et l'Orléans sont les plus réfractaires aux Écoliers en général, puisqu'ils n'en occupent qu'un peu plus de deux unités pour cent kilomètres de réseau. Quatre autres Compagnies leur accordent une faveur plus marquée, car elles en occupent un peu plus de *trois* pour cent kilomètres ; le Nord occupe six Écoliers pour cent kilomètres. Je m'arrêterai sur ce chiffre un peu plus loin seulement, pour en finir tout de suite avec l'exposé de la situation générale.

Pour parler aux yeux, j'ai dressé les graphiques comparatifs des coefficients des trois Ecoles, d'abord par Service de chaque Compagnie et ensuite pour l'ensemble des Services.

Nous voyons de suite dans la dernière colonne du tableau qui précède les graphiques et sur les graphiques eux-mêmes que, dans l'ensemble des Services de toutes les Compagnies, le coefficient Gadzart-kilométrique est à peu près constant et égal en moyenne à une unité et demie pour cent kilomètres. Les Gadzarts ont donc partout la même faveur et les Centraux une égale défaveur. Sur cinq Compagnies où il y a une moyenne d'un peu plus d'un demi Central pour 100 kilomètres, c'est-à-dire le $^1/_3$ du coefficient des Gadzarts, notre moyenne générale sur les 7 Réseaux est un peu plus de *un* Central pour Cent kilomètres. Le coefficient pipo-kilométrique est très inférieur à celui des Gadzarts et un peu plus faible que celui des Centraux. C'est surtout à l'État, au Midi et au P.-L.-M. que

GRAPHIQUES

DES

COEFFICIENTS D'EMPLOIS

POUR

100 Kilomètres de Réseau

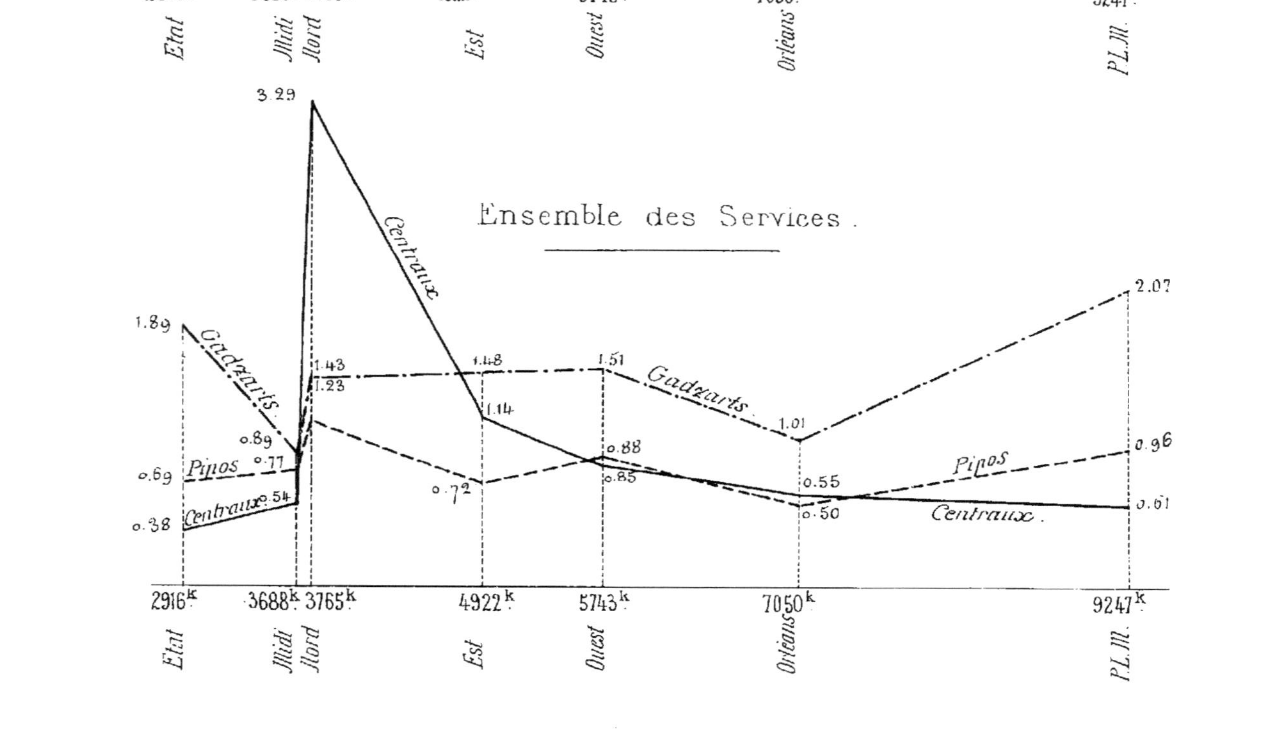
Ensemble des Services.
Centraux
Gadzarts
Pipos
Gadzarts
Pipos
Centraux
Centraux.
3.29
1.89
1.43
1.23
1.48
1.51
1.14
1.01
2.07
0.89
0.77
0.69
0.54
0.38
0.72
0.88
0.85
0.55
0.50
0.96
0.61
2916k
3688k
3765k
4922k
5743k
7050k
9247k
Etat
Midi
Nord
Est
Ouest
Orléans
P.L.M.

Echelles { Coefficients ——— 0m02 p. 1. / Longueurs des réseaux 0m002 p % Kes

Voie et Construction.

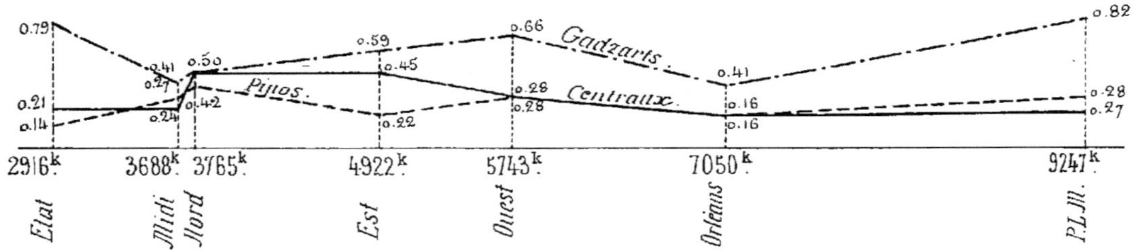

Matériel et Traction.

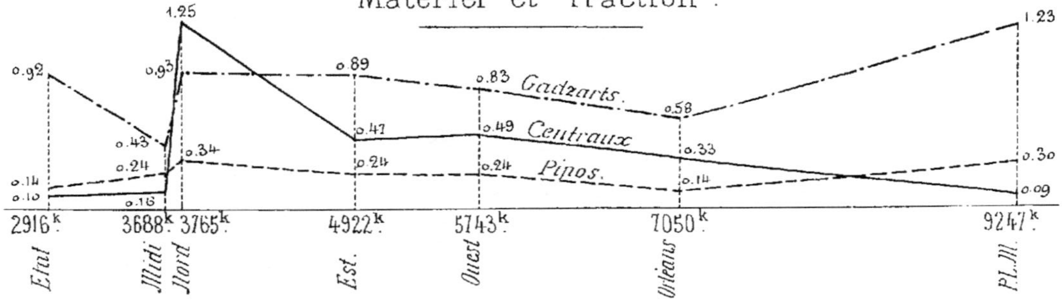

Exploitation et Mouvement.

nous avons une minorité qui se passe de tout commentaire.

A l'Est, il y a un coefficient pipo de $^{3}/_{4}$ d'unité, contre 2 fois plus de Gadzarts et moitié plus de Centraux. Notre coefficient y tient le milieu de ceux des deux autres Écoles.

Au Nord, il y a plus de 3 Centraux pour cent kilomètres contre moitié de Gadzarts et encore un peu moins de pipos.

Si nous entrons maintenant dans le détail des divers Services, nous constatons qu'à la Voie, les Gadzarts l'emportent de beaucoup sur nous et que nous sommes à égalité avec les pipos, sauf à l'Est où il y a 2 fois plus de Centraux que de pipos. (Cela tient aux Services techniques qui nous sont confiés).

Au Matériel et Traction nous tenons à peu près le milieu entre les nombreux Gadzarts et les Pipos.

Enfin à l'Exploitation, service généralement automatique, on peut dire qu'il n'y a point de Gadzarts, que l'on y rencontre quelques rares échantillons de Centraux (sauf au Nord où nous sommes à 3 pour 1 pipo, et à l'Est à égalité), et que les pipos y figurent à peu près seuls. C'est que les artilleurs ont flairé là une pépinière de postes en vue et qu'ils ont eu le bon esprit de nous y devancer ; c'est une bonne leçon dont nous devrions profiter sans plus tarder.

Quel pourrait être notre idéal ? Il en est de plusieurs degrés, suivant l'angle sous lequel chaque École voit ses ambitions.

Le Nord, ai-je dit, occupe 6 écoliers pour 100 kilomètres de son réseau. S'il arrivait que ce même coefficient fût atteint sur tous les autres réseaux, nous pourrions affirmer, tout d'abord, que ces réseaux ne s'en trouveraient pas plus mal, puisque le Nord n'a pas, que je sache, déposé son bilan ; et alors, au lieu d'être au nombre de 1225, les écoliers y seraient au nombre de 2240 ; presque le double et cela n'est pas à dédaigner. Ensuite, par la force des choses, le coefficient de 6 % augmenterait lui-même et vous en concevez les conséquences heureuses pour toutes les Écoles.

Il faut évidemment tenir compte, dans ces considérations, que *le rendement commercial* ou le *produit kilométrique* suit une échelle qui n'est pas la même que celle de la densité kilométrique des réseaux. Je comprends que les recettes kilométriques des chemins de fer de l'État représentent le 1/4 des recettes du Nord et que pour cette raison le coefficient de 6 Écoliers du Nord ne peut pas être obtenu aisément à l'État. J'estime toutefois que nous devons raisonner surtout sur la densité kilométrique, car la densité commerciale n'influe d'une façon appréciable, que sur le nombre des agents d'ordre inférieur.

La tendance générale des Administrations vers l'esprit d'économie entraîne le relèvement du niveau intellectuel du personnel dirigeant. Les exigences de plus en plus accentuées du public dans ses relations avec les Compagnies, les transformations que subit actuellement l'état d'âme de la Société à tous les degrés, créent de nouveaux besoins et le niveau moral du personnel, qui est déjà satisfaisant, ira fatalement en s'élevant par degré. Finalement, dans la puissante industrie des chemins de fer, le nombre d'écoliers augmentera dans des proportions considérables.

Alors que les graphiques des coefficients Central-kilométriques demeurent à peu près stationnaires, mes recherches m'ont démontré que ces graphiques, pour les autres écoles, prennent depuis quelques années une ampleur tout au moins alarmante pour nous ; je ne citerai qu'un exemple. De 1890 à 1895, sur 105 pipos, officiers de l'Armée, qui ont démissionné pour entrer dans l'Industrie, 34 ont pris place dans les chemins de fer. Comme des admissions à l'École polytechnique en plus grand nombre que d'usage sont venues combler le vide laissé par les 105 démissionnaires, il s'est formé là une source concurrente intarissable dont le courant pourrait bien un jour barrer la route aux autres écoliers d'une façon irrémédiable, aussi bien dans les chemins de fer que dans les autres industries.

En conséquence, la loi de l'unité d'origine des officiers combattants, si elle était un jour votée, nous apporterait un certain appoint de prospérité.

Dans l'état actuel de l'organisation de notre école, nous en sortons avec la culture et le bagage intellectuels suffisants pour nous diriger vers une branche quelconque de l'industrie française. Dans un chapitre spécial, je traiterai cette question au point de vue de l'avenir de l'École Centrale et je me borne à vous rappeler ici les paroles mêmes de notre éminent Directeur : « Notre école fait des jeunes Ingénieurs bons à tout faire ». Nous admettons cependant tous, n'est-ce pas, que c'est après quelques années d'application dans une spécialité de notre choix, que nous y devenons de bons Ingénieurs, aptes à rendre des services en rapport avec notre titre et avec ce que l'on attend de nous.

Je conseille donc à mes jeunes camarades de se montrer modestes dans leur début, puisqu'il le faut, de prendre les choses telles qu'elles se présentent et d'appliquer leur énergie, non pas à des prétentions intempestives, mais bien à travailler sans cesse comme l'indique notre emblème. Ils verront alors que le jour même où ils ont la conscience de faire du travail utile et de rendre des services, les chefs d'industrie les auront appréciés d'eux-mêmes et amélioreront leur situation.

A ce moment, et dans la suite, il faut bien jeter un regard autour de vous, faire des comparaisons, consulter notre Association, des vieux Camarades dans les groupes, et orienter alors sagement vos prétentions. Ingénieur ? ma foi oui, vous l'êtes depuis l'âge de 23 ans, vous le serez toute votre vie ; personne ne songera à vous retirer ce *titre ;* voilà l'honneur de l'écolier sauf. Mais, puisque nous sommes dans une période de surproduction d'Ingénieurs et qu'il y a un encombrement momentané dans les autres industries, si vous trouvez sur un réseau un emploi qui puisse vous conduire, à un moment donné, à un traitement de 7 ou 8000 francs par an, il doit vous importer peu que l'on vous y appelle Chef de Dépôt ou de Section, Inspecteur de tel ou tel Service ; ne vous attachez donc pas à l'étiquette qui semble modeste et sachez qu'en tenant compte des autres avantages, cela vaut au moins la situation d'un lieutenant-colonel ; que vous aurez *tous* cette situation, alors que *très peu* de pipos, dans chaque promotion, parviennent à ce grade dans l'armée. Vous y aurez la sécurité d'une retraite, une personnalité que les officiers eux-mêmes préfèrent et recherchent, comme vous l'avez vu plus haut ; vos bureaux à côté de votre famille, une vie paisible. Vous serez dans un milieu qui est plutôt une grande famille où l'on partage vos peines et où les sentiments humanitaires sont développés et pratiqués d'une façon qui est et qui sera toujours l'objet de toute mon admiration.

Prenons, par exemple, la grande industrie métallurgique où un Central arrive, sauf quelques cas de succès exceptionnel, à être chef d'un service quelconque après avoir été le second du chef. On est là chef de service des mines, du service des hauts-fourneaux, du service des travaux, etc... Ce sont aussi des situations suffisantes comme celles dont je viens de parler, mais il y a quelque chose de plus dans les chemins de fer, car ici l'on fait le plus grand cas des services *déjà rendus* et de ceux que vous pourrez encore rendre, lorsque vous vous trouvez momentanément dans l'une des crises que la vie humaine nous réserve à tous, sachez-le bien.

En terminant ce chapitre, je tiens à montrer un débouché aux trop nombreux Ingénieurs que nous versons à flots chaque année sur le pavé de l'industrie. Parmi eux, je m'adresse spécialement à ceux qui, comme moi, n'ont pas eu la chance de venir au monde avec, devant eux, une situation toute préparée par leur famille dans l'une des branches de l'industrie du pays. Je leur répète, entrez dans les chemins de fer, entrez-y jeunes, dès votre sortie de l'Ecole, acceptez, comme le font les pipos, les emplois qui peuvent se présenter même sous les apparences les plus modestes ; soyez-y ajusteurs, chauffeurs, dessinateurs ou facteurs ; travaillez avec la ferme volonté de vous faire une situation et vous y vivrez heureux. Soyez confiants dans l'avenir tel qu'il vous est réservé et que j'ai eu soin de vous faire entrevoir plus haut.

Dans le nombre, il y aura certainement des déchets, comme il y en a déjà eu, mais il y aura aussi des succès exceptionnels et cela fera compensation. Ceux d'entre vous qui y gagneront de hautes situations feront nécessairement de la place autour d'eux pour leurs jeunes camarades.

Les graphiques que je vous ai montrés, il faudrait les faire annuellement dans toutes les branches de l'industrie pour les comparer entre eux dans la même année et avec les années antérieures. Il ne serait pas indifférent d'étudier l'allure de ces graphiques pour remédier aux fléchissements et pour tirer profit des tendances en sens contraire. Ces graphiques conduiront à établir des statistiques qui rendront de signalés services et qui montrent les vides que nous pourrions combler en nous aiguillant convenablement.

Je propose d'éclairer la corporation des Centraux sur les études qui seraient faites ainsi chaque année par notre Association, en adressant aux membres les graphiques annuels et les résultats succincts des comparaisons qui seront faites entre eux.

Les études ainsi faites sur la question du placement des Centraux auraient l'avantage de porter en elles des indications fondamentales pour la pratique même du placement.

Dans cette pratique, l'on tiendrait le plus grand compte de la tournure d'esprit et du tempérament du candidat, que les professeurs et la Direction noteraient dans un registre spécial. La tenue de ce registre caractéristique dans le sens pratique a autant d'importance que les soins de l'enseignement.

II

L'ORGANISATION

ET L'AVENIR

de l'École Centrale

II

L'ORGANISATION ET L'AVENIR DE L'ÉCOLE CENTRALE

Au risque d'attirer sur moi les foudres de notre vieille institution, je vais exposer quelques réflexions sur l'organisation de l'Ecole Centrale, telle qu'elle existe actuellement et sur la méthode d'enseignement que je préconise, en vue de défendre l'avenir de notre Ecole. J'aurai certainement des ardents contradicteurs et je suis prêt à engager avec eux une discussion courtoise s'ils veulent bien me faire part de leurs objections; mais je les supplie de baser leur argumentation, non pas sur ce qu'ils ont pu faire dans le siècle défunt, mais bien sur ce que nos plus jeunes camarades devront faire au XXe siècle.

On me dit que, grâce à la non spécialisation de l'Ecole, un grand nombre d'entre nous ont pu tenter deux ou trois branches de l'industrie et ont fini par s'aiguiller là où ils occupent enfin une belle situation. On m'a dit et même écrit que le difficile est de placer les anciens qui se sont spécialisés depuis leur sortie ; que les jeunes se placent tous *très facilement.* Un scrupule de politesse m'oblige à me taire là-dessus pour le moment ; j'aurai l'occasion d'en parler plus loin.

Quant aux Camarades qui partageront ma manière de voir, je les prie de me le faire savoir et de me seconder dans la tâche que j'entreprends, en me faisant part de tout ce qui, à leur sens, peut intéresser l'avenir de l'Ecole.

Dans le chapitre précédent, il m'a paru sage de prendre l'Ecole telle quelle et de chercher à remédier au malaise que je rencontre parmi les Centraux, qui sont vraiment trop instruits, trop savants même pour ce qu'ils ont fait en général et pas assez *spécialement* instruits pour rendre les services que l'on attend aujourd'hui d'un Ingénieur.

Ici, je suis obligé de me faire le promoteur de quelques modifications fondamentales qui, à mes yeux, semblent s'imposer. S'il ne me reste de ma témérité que l'honneur d'avoir envisagé la situation en face, j'y joindrai la satisfaction que j'éprouve, dès maintenant, d'avoir rempli tout mon devoir vis-à-vis de mes camarades et vis-à-vis de notre Ecole.

Il faut pourtant que je vous dise, avant d'aller plus loin, que le manuscrit de mon travail, m'a déjà valu un bon petit brevet *d'ingratitude* envers notre Ecole. J'ai vu par là, d'une façon étourdissante que, dans l'espèce, l'initiative, même la plus rigoureusement désintéressée, est mal venue lorsqu'elle menace d'apporter le plus léger trouble dans la douce béatitude de nos distingués devanciers.

Mais j'ai trop longuement et mûrement réfléchi avant d'entreprendre cette tâche pour manifester aujourd'hui le moindre découragement. Je reviens à mon sujet.

Au temps où des hommes illustres se sont occupés de créer les premières Ecoles d'Ingénieurs, on s'est trouvé en présence de besoins *définis* de ce que j'appellerai *l'industrie* des Ponts et Chaussées et *l'industrie* des Mines. On possédait déjà une Ecole militaire de haute culture intellectuelle ; eh bien ! on a dirigé quelques-uns des élèves vers les Ecoles spéciales des Ponts et Chaussées et des Mines qu'on a fondées. Rien de plus admirable que cette juste conception des besoins de l'époque, puisque ces Ecoles ont fourni et fournissent encore des spécialistes qui, dès le lendemain de leur sortie, se trouvent aptes à remplir dignement leur mission, dans des cadres *existants* et *connus*. Cela tient à ce qu'après une haute culture intellectuelle, on a localisé leurs efforts dans la connaissance de besoins *définis* et que l'on a formé des hommes, non pas seulement bons à tout faire après quelques années de stage, mais bons aussi, et surtout à faire une seule chose, à la faire tout à fait bien, à rendre des services immédiats et à se trouver à la hauteur du titre d'Ingénieur des Ponts et Chaussées ou des Mines.

D'autre part, les hommes, non moins illustres, qui ont fondé l'Ecole Centrale ont, eux aussi, fort bien pesé la situation des industries naissantes qui ne demandaient qu'à prendre leur élan et réclamaient le concours d'Ingénieurs que la France ne possédait pas alors. La filature, la métallurgie, les chemins de fer, etc., etc..., étaient encore dans l'enfance. Le gaz de toutes essences, l'électricité industrielle et ses immenses applications, la mécanique, la chimie industrielle et cent autres industries étaient à peine soupçonnées. Tout était à perfectionner ou à créer, sans que dans ce dédale de branches techniques, une voie bien définie pût être tracée et suivie méthodiquement comme dans les Ecoles de l'Etat pour les travaux publics, pour les mines, pour les Ingénieurs combattants et pour les Officiers Ingénieurs.

Dès lors, ces fondateurs, avec une admirable sagacité, se sont dit : « Puisque tout est à faire ou à créer, puisque nul ne peut prédire ce qui se fera et se développera plus spécialement, puisqu'enfin nous ne pouvons pas nous lancer dans une voie bien définie des arts et manufactures, formons des Ingénieurs bons à tout faire *et à se faire à tout* ».

De là vient notre première et sage organisation qui a été un trait de génie de la part des fondateurs ; de là est venu le choix de l'enseignement qui nous a donné une assez bonne instruction générale et des connaissances techniques *vaguement spécialisées*. On a alors inauguré la culture de l'esprit propre à tous les *besoins éventuels* des arts et manufactures. C'est grâce à cette juste conception de l'état du monde industriel de l'époque, que nos anciens ont participé au développement formidable de toutes les industries de la France, tout en se perfectionnant eux-mêmes et au contact même de ce qu'ils ont perfectionné ensuite, grâce à ce que j'appellerai leur spécialisation subséquente.

En un mot, depuis plus de 60 ans et jusqu'à ces dernières années, il y a eu, en contact, deux éléments compatibles, deux éléments demandant à se développer, à grandir *ensemble* et à se former mutuellement. L'instruction générale de l'un, aidée de ce merveilleux génie français, a créé et développé un certain nombre d'industries et la prospérité de celles-ci a illustré les Ingénieurs de l'École Centrale. Voilà le fait accompli dans le passé, voilà le passé de notre École. Son avenir me laisse rêveur.

Par un sentiment de reconnaissance fort louable envers les fondateurs de l'École Centrale, l'enseignement qui y est donné aux élèves Ingénieurs a conservé à peu près la même méthode qu'avant 1830. Les modifications que l'on a introduites assez timidement et un peu trop lentement dans l'enseignement, suivant les besoins de chaque étape des progrès réalisés dans les sciences et dans l'industrie, ont respecté le principe et le but de notre organisation. Tout le mal est là, car nous continuons encore maintenant, de marcher vers un but qui est déjà atteint depuis nombre d'années. Nous nous bornons encore à faire de la culture d'esprit, à former des jeunes gens assez instruits et éclairés pour devenir des spécialistes *plus tard ;* trop tard à mon avis. Nous livrons à l'industrie des *jeunes gens bons à tout faire* et à se faire à tout, alors qu'elle nous demande des Ingénieurs bons à faire une chose, rien qu'une, mais à la bien faire de suite, à rendre des services appréciables immédiatement. La fièvre de la concurrence est là qui talonne les industriels. Cette fièvre gagne notre entourage et l'on crée des Écoles spéciales d'Électricité, de Chimie industrielle, de Filature, de Travaux publics, etc... Admettez que l'on crée encore demain une École spéciale de Métallurgie, une autre de Chemin de fer, et je me demande alors à qui nous nous adresserons pour nous caser comme Ingénieurs bons à tout faire ? On nous répond, comme j'ai eu le regret de l'entendre trop souvent : « Nous avons sous la main des Ingénieurs spécialistes qui peuvent nous rendre des services *immédiats,* nous ne pouvons pas attendre que vous le deveniez à nos frais. » Je connais des Camarades qui, à leur sortie de l'École, ont cherché à entrer dans des affaires d'électricité par exemple et où ils n'ont été acceptés qu'après avoir passé un an à l'École spéciale d'Électricité.

L'essor prodigieux que nous avons donné à toutes les branches de l'industrie, le feu du progrès, la lutte de la concurrence, le relèvement du niveau humain, que le côté rationnel du socialisme a réalisé, certaines modifications dans l'état d'âme national, tout enfin a concouru pour créer des besoins nouveaux que nous connaissons bien maintenant. Il est plus que temps de chercher à les combler si nous ne voulons pas, excusez-moi ce mot qui à mes yeux est l'expression d'une pénible vérité, ruiner à l'avance l'avenir de nos futurs Camarades, et faire tomber notre chère École à un niveau indigne de la mémoire de ses fondateurs qui eux ont si admirablement fait les choses *pour leur époque.*

Laissez-moi encore vous dire que, la compatibilité qui a existé pendant plus de 50 ans entre les milliers de nos Camarades et les besoins des industries, est allée en déclinant pendant ces dix dernières années ; maintenant, elle n'existe plus. L'industrie demande aujourd'hui des éléments plus en rapport avec son organisme actuel et nous lui offrons encore à peu près les mêmes éléments qu'à l'époque de son enfance ; elle nous écarte et s'adresse aux hommes qui sont de son siècle.

Lorsque j'ai émis cette réflexion, un de nos plus vénérés Camarades m'a écrit pour me demander où *j'ai pris cela,* puisque, sauf *cas spéciaux,* tous les jeunes Camarades de chaque promotion se plaçaient très facilement, au point que, au mois de Mars ! ! ! il n'y a plus un seul candidat à placer. C'est prendre un *beau rêve* pour la réalité que je recherche encore de toutes mes forces.

Je lui réponds ici, sans aucune crainte de démenti, que *j'ai pris cela,* non pas dans un songe, mais bien dans tout ce que je vois autour de moi depuis quelques années, avec des yeux aussi jaloux du glorieux passé de nos aînés *qu'inquiets* du sort des prochaines générations de Centraux. J'ai pris cela dans tous les pays industrieux que j'ai parcourus *pendant 25 ans ;* dans les milieux où règne une activité fiévreuse. J'ai lu encore cela dans les yeux et dans les lettres de mes jeunes camarades qui veulent bien s'adresser à moi et dont toute l'activité se dépense, durant des mois et des années, à chercher vainement un emploi. Et c'est pour cela que je donne l'alarme aux Administrateurs de notre Ecole, et que je poursuivrai encore mon but avec toute l'énergie que donnent de trop nombreuses années d'observations dans les tortures morales que j'ai partagées avec mes chers camarades, et avec ces sentiments de solidarité que j'ai toujours professés.

Oui, je sais, il faut pourtant avoir de l'amour-propre, me dira-t-on, et ne pas aller crier, jusque sur les toits, un état de choses qui pourrait peut-être faire la joie de nos ennemis ; je ne m'adresse pourtant qu'à des camarades. Nos ennemis? je le demande à mon tour, où les prenez-vous ; derrière quels buissons? Si ce sont les ardents lutteurs pour la vie honnête et laborieuse, soyons plus vaillants encore que ceux-ci et luttons ouvertement, sans faux amour-propre. Pour cela, cessons de perdre la moitié de notre existence pour nous vouer à la médiocrité durant l'autre moitié. Prenons au contraire les choses telles quelles sont à notre époque, envisageons-les froidement et organisons-nous sur des bases appropriées à la lutte pour la vie du XXe siècle.

Quelques Administrations sont assez généreuses pour nous prendre, nous payer, pas cher je le reconnais, mais enfin encore trop cher à leur sens, jusqu'à ce qu'elles nous aient inculqué les notions les plus élémentaires du service qu'elles attendent de nous. Nous voilà encadrés dans un grade ou chargés d'un service ; mais *l'étiquette*, cette malheureuse étiquette de notre apprentissage que nous portons au front, nous reste et nous poursuit presque indéfiniment.

Quelques-uns d'entre nous se découragent trop tôt de leur état d'infériorité, et alors ils passent des turbines, par exemple, aux applications de l'électricité ; d'une fabrique de courroies, à une sucrerie ; des chemins de fer, on passe à la représentation pour les vins ; partout la médiocrité, sauf quelques sujets exceptionnels qui, eux, eussent réussi dès leur première étape avec un peu moins d'illusion et un peu plus de persévérance.

Combien de mes vieux camarades et parmi eux, même les plus distingués, pensent : « Mais c'est admirable cela, que de pouvoir passer, au pied levé, sans embarras, d'une branche de l'industrie à la branche la plus opposée ». Je dis moi qu'il en résulte une perte de temps gravement préjudiciable pour l'avenir, un déchet de 10 % dans la vie active qui émousse notre confiance et notre énergie.

A mon sens, il serait aujourd'hui infiniment préférable de nous localiser pour échapper à la médiocrité, à cette lutte à main plate pour la vie, qui nous conduit à une sorte de vagabondage malgré notre bagage intellectuel.

Il y a dix ans il était peut-être encore bon de pouvoir ainsi divaguer ; mais aujourd'hui que, dans chacune des branches de l'industrie, il y a place pour des centaines, parfois pour des milliers d'Ingénieurs bons à faire quelque chose, formons des spécialistes en nombre tel, que nous ayons toutes chances de les caser quelque part. On me répondra que ce nombre est difficile à déterminer. Je m'élève contre cette prétention et voici pourquoi :

J'ai établi, à titre d'exemple, le graphique des emplois des Centraux dans les chemins de fer. Par la méthode que j'ai montrée rien n'est plus facile que de déterminer avec assez d'approximation :

1° Le nombre d'emplois occupés par les Centraux ;

2° Les admissions annuelles pour combler les extinctions et les défaillances ;

3° La marche des augmentations de ce nombre d'emplois, augmentations qui s'imposent chaque année un peu partout, à part quelques moments d'arrêt faciles à prévoir.

Nous arriverons ainsi à connaître quel est le nombre de Centraux que nous pouvons placer après avoir analysé l'allure des besoins dans chaque service séparément. Mettons, pour fixer les idées, que ce nombre soit 30, chiffre qui est bien près de la réalité, en tenant compte des placements faits par notre Association et des placements individuels en dehors de l'Association. Si nous appliquons à ce nombre un coefficient de déchet ou de défaillance, de mortalité même, nous pouvons fixer à 35 par exemple le nombre de spécialistes que nous devons préparer dans une même promotion pour les chemins de fer. Je vais plus loin et je dis que nous pourrions, dans peu de temps admettre, pour le nombre des spécialistes à préparer, un coefficient par rapport à l'état numérique des emplois occupés l'année précédente. Dans le cas particulier, ce coefficient serait :

$$\frac{35}{355} = 0.10$$

Si l'on établit les mêmes graphiques pour chaque industrie, on trouve, comme pour les chemins de fer, le nombre de spécialistes à préparer annuellement.

Si, par suite d'une crise momentanée

dans une industrie, les éléments des années précédentes nous trompent, nous pouvons réparer nos erreurs en deux ou trois ans et nous éviterons alors toute surproduction et par conséquent la dépréciation qui en résulterait pour notre corporation.

La pratique de la spécialisation s'impose d'autant plus dans notre siècle que, depuis quelques années, ce que les Administrations et les chefs d'industrie recherchent et exigent, c'est *l'Ingénieur* dans le *jeune homme* qui se présente. Je recommande ce point à toute votre attention. Il faut que ce *jeune homme* de 25 ans fasse immédiatement acte d'Ingénieur pendant que *l'homme* se forme en lui. Il faut qu'il puisse donner en échange de l'hospitalité et de l'argent qu'il reçoit d'eux, une collaboration utile et efficace. Car, plus tard, vers 40 ou 45 ans, il fera place aux jeunes, dans la partie active de son métier, et l'on voudra utiliser en lui, non plus l'Ingénieur qui a fait sa part et que l'on connait, mais bien *l'homme* qu'est devenu l'Ingénieur, suivant sa tournure d'esprit et suivant les aptitudes qu'il aura montrées pour la direction des affaires. Lorsque vous aurez 40 ans on ne recherchera plus en vous l'Ingénieur dans le *jeune homme*, mais *l'homme* qui s'est révélé dans l'Ingénieur.

Voulez-vous un exemple qui prouvera que, faute de cela, faute d'être *assez* Ingénieurs *à temps*, nous devenons de bons Ingénieurs *trop tard* et que nous n'inspirons pas toute la confiance qui devait être accordée à notre corporation ? Voici une simple constatation que je soumets à tous les Ingénieurs Français :

Tout récemment, on a construit dans la région de l'Est, deux immenses aciéries et diverses usines pour d'autres industries. On est allé chercher pour cela à l'étranger des Ingénieurs spécialistes qui devraient exister en France avec la même autorité que celle que l'on accorde à ceux de l'autre côté de la frontière.

On m'a répondu à cela : « Si on avait

« demandé à notre École d'indiquer des « Centraux spécialisés, nous aurions « pu donner d'excellents sujets qui « sont souvent obligés d'émigrer à « l'étranger ».

Mais alors, je suis bien forcé de me demander et de demander aussi à mon honorable contradicteur : « Pourquoi ces demandes ne se sont pas produites? » Est-il admissible de prétendre que si nous pouvions répondre à ces genres de demandes d'une manière suffisante, on aurait la pensée de s'adresser ailleurs ?

Un aimable contradicteur m'a dit aussi : « On s'adresse à l'étranger, parce que c'est la mode ». Je crois plutôt que le bon sens de l'industriel est hostile à la mode et qu'il recherche surtout la collaboration de ceux qui peuvent le seconder pour la défense et pour la prospérité des intérêts qui lui sont confiés ; le sens pratique des sommités de l'Industrie est réfractaire aux subtilités de la Mode.

Croyez-moi donc, nous péchons par le côté pratique dans notre enseignement, et il faut y remédier avant qu'il ne soit trop tard pour l'avenir de l'École Centrale, avant que l'État lui-même ne mette un terme à l'invasion des Ingénieurs étrangers, par la création d'une École unique d'Ingénieurs de toutes les spécialités, ce qui ferait la ruine de notre chère École.

En somme, pourrions-nous trouver mauvais si, après entente entre divers ministères, l'État, ému à juste titre de cette situation qui menace de nous laisser à jamais tributaires de l'Étranger, venait à préconiser l'unité d'origine des Ingénieurs de France comme il est question d'établir l'unité d'origine des officiers. Supposez, en effet, qu'après avoir fondé une École militaire unique l'on fusionne un jour l'École Polytechnique, l'École des Ponts-et-Chaussées, l'École des Mines et que l'on en fasse une nouvelle École unique d'Ingénieurs comme il en fonctionne avec succès dans les pays étrangers ; admettez que, dans chaque spécialité, les élèves Ingénieurs soient envoyés en mission annuellement, comme cela se pratique actuellement pour les Ponts et les Mines. Que deviendrait alors l'École Centrale, sinon une simple École préparatoire. Je ne pense pas que ce soit bien là l'avenir qu'avaient rêvé les fondateurs de notre École.

J'arrive ainsi à la nécessité où nous nous trouvons de prendre les devants et de transformer la méthode unique d'enseignement de l'École Centrale en une méthode mixte.

Si, contrairement à ma conviction, je ne parle pas d'une méthode en opposition complète avec l'esprit qui a guidé ses fondateurs, c'est par déférence pour eux qui ont si bien apprécié les besoins *de leur époque.*

Voici donc l'organisation mixte que je préconise :

Section A. — Cette section comprendrait les élèves qui optent en faveur de la méthode actuelle de l'École avec des divisions vaguement spécialisées.

Section B. — Cette section comprendrait des divisions nettement spécialisées à tel point que, le jour même de leur sortie de l'École, les élèves puissent, sans grande hésitation, s'orienter dans le milieu où ils se trouveront d'après leur choix préalable, et faire acte d'Ingénieur dans leurs spécialités respectives, tout comme peut le faire l'Ingénieur des Ponts-et-Chaussées et l'Ingénieur des Mines. Dans cette section, le programme d'enseignement serait analogue, non pas comme matières mais comme organisation, à ceux des Écoles techniques du Gouvernement et serait étudié en s'inspirant aussi, sur place, de ce qui se fait en Suisse et ailleurs.

Le nombre d'élèves à admettre dans chaque spécialité serait déterminé par les besoins de l'Industrie, besoins que nous savons fixer à priori et à peu près chaque année à l'aide de la méthode que j'ai indiquée plus haut.

Afin de ne pas sortir des limites que je me suis tracées, je me bornerai à dire qu'il faudrait provoquer l'appui du Gouvernement auprès des Industriels, pour que les missions des élèves aient un caractère officiel, tout comme lorsqu'on détache auprès des Compagnies des soldats du Génie ou lorsque l'on charge de missions les élèves Ingénieurs des Ponts et des Mines.

Voici quelques indications générales et sommaires sur la méthode d'enseignement de la section B :

Première Année. — Complément de l'instruction générale que l'élève possède à son entrée à l'École. Quelques notions rapides aux élèves groupés par spécialité et seulement sur ce qui touche à leur spécialité, en vue de les préparer plus particulièrement à leur première mission. Le tout six mois.

Le deuxième semestre (pas de vacances, attendu que les Élèves en prendront assez eux-mêmes), se passera en mission dans l'industrie de chaque spécialité. Les uns iront au chemin de fer, les autres dans la métallurgie, la filature, l'électricité, etc. Les Élèves munis de cours imprimés apprendront sur place la théorie et la pratique de l'objet de leurs cours et apporteront, de plus, des notions pratiques vagues sur ce qui leur sera enseigné à l'École l'année suivante. Cela aura surtout l'avantage de les intéresser aux leçons qui leur seront ensuite professées par des Ingénieurs praticiens accomplis. Rapport de l'Industriel sur chaque élève. Tournée d'inspection des professeurs. Examen modeste au retour, discussion serrée de leur rapport de mission, note, classement.

Deuxième Année. — Six mois de cours, six mois de mission en une ou en deux fois.

Troisième Année. — Trois mois de cours, quatre mois de mission, ensuite trois mois de cours et finalement deux mois de concours.

En ce qui concerne le détail de ce programme, j'ai fait une étude spéciale pour chaque industrie. Il me semble superflu de donner ici de plus amples indications.

Il existe une autre combinaison qui serait parfaite pour l'avenir mais qui serait moins démocratique que la précédente, parce que la question des ressources personnelles des Élèves Ingénieurs en serait le principal élément. C'est là un grave inconvénient auquel l'État démocratique peut et doit remédier.

Voyons tout d'abord les grandes lignes de cette combinaison qui a toute ma préférence.

1° Trois premières années d'études avec la méthode actuelle, mais en poussant les études transcendantes aussi loin qu'à l'École Polytechnique, afin de donner aux élèves Ingénieurs toute la souplesse d'esprit et d'aptitudes que l'on peut acquérir et qui se manifeste généralement chez nos distingués concurrents.

2° Créer une 4e année d'études pratiques, une année d'application pour compléter les diverses spécialisations commencées dès la 2e année, au choix des Élèves.

L'on s'aperçoit immédiatement que nous aurions ainsi la véritable École de l'avenir qui sera fatalement instituée tôt ou tard. Parallèlement à l'unité d'origine des officiers combattants, nous aurions organisé l'unité d'origine des Ingénieurs Civils, en y englobant si possible les Officiers Ingénieurs, autrement dit, les Ingénieurs militaires ; de là, une École d'État sortie de l'initiative privée qui aurait plus d'un droit à la participation du Gouvernement et à la contribution de l'État, tout au moins dans les frais d'études de la quatrième Année. Cela allégerait les lourdes charges des ressources des familles qui déjà, sont parfois épuisées et au-delà par les frais des trois premières années. Il suffirait d'un mot pour justifier cette contribution de l'État, car n'est-ce pas le pays tout entier qui tirerait profit du perfectionnement de l'outillage intellectuel de la France, dans les sciences et dans les arts.

N'est-ce pas une *École Nationale des Arts et Manufactures* qui serait inaugurée pour assurer la prospérité de la richesse industrielle de la France?

Je reconnais que je traite depuis un instant le côté le plus brûlant de la question que j'ai étudiée. Je souhaite que des esprits loyalement combatifs auxquels j'adresse ici le plus pressant appel, se groupent autour de cet unique programme de l'organisation de notre École, pour prêter leur concours éclairé à une Commission qui serait nommée en vue de rechercher les mesures à prendre et les démarches officielles à faire pour aboutir à une solution satisfaisante qui sera le fruit d'un sursaut de bon sens.

Les études de quatre années ne seraient pas obligatoires. Au bout des trois premières années le diplôme serait libellé : « Ingénieur des Arts et Manufactures » et chaque élève serait libre, si bon lui semble, d'en rester là. Au bout de la quatrième année seulement on ajouterait à ce libellé la mention de la spécialité.

Il est un point sur lequel je ne saurais trop insister, c'est l'étude pendant les trois ou quatre années d'École, de l'orientation et de la tournure d'esprit de chaque élève, de son tempérament et de son état général. Il y a dix ans mon opinion était faite sur ce point d'après la classification que j'avais établie presque à priori. Tout cela s'est si bien vérifié par les observations que j'ai faites sans cesse depuis et un peu partout, que je veux vous en entretenir le plus succinctement possible.

Le monde intellectuel peut se diviser en trois classes et diverses sous-classes :

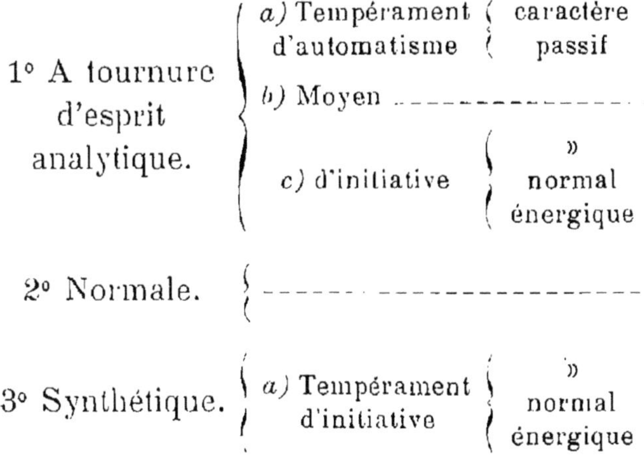

1° A tournure d'esprit analytique.	*a)* Tempérament d'automatisme	caractère passif
	b) Moyen	------------
	c) d'initiative	» normal énergique
2° Normale.	------------	
3° Synthétique.	*a)* Tempérament d'initiative	» normal énergique

Si l'on envisageait seulement les trois classes, sans se préoccuper de leurs subdivisions, on remplirait le but que je recherche. Le type à tournure d'esprit analytique, c'est-à-dire apte à l'étude consciencieuse du détail d'un ouvrage défini et capable de produire, grâce à son tempérament laborieux, un travail *fini*, est parfaitement caractérisé en Allemagne où, pourtant la langue que l'on parle est synthétique. Le type à tournure d'esprit synthétique, c'est-à-dire apte à des conceptions d'ensemble variées, à faire une sélection judicieuse parmi les diverses manifestations de ses conceptions et à définir la forme générale de l'idée ou de l'ouvrage dont il restera à faire l'étude de détail, est encore mieux caractérisée en Angleterre où cependant la langue est analytique au suprême degré. Cela montre en passant que les races changent leur tournure d'esprit originelle (qui a créé leur idiome), suivant l'orientation qui leur est donnée par le sol, le climat et les besoins locaux, d'abord par atavisme et ensuite par sélection. En France, quoique d'origine latine surtout dans le centre, c'est-à-dire synthétique, l'esprit et la langue sont à tendance généralement analytique; mais ici, les esprits synthétiques ont une envergure plus élégante, plus géniale que partout ailleurs. Les esprits synthétiques en France sont les pionniers de ce génie français qui fait l'admiration du monde entier dans les arts.

L'homme intellectuel, à tournure d'esprit normale, apte à la fois à l'analyse et à la synthèse, n'existe plus guère que dans les races neuves où aucune orientation n'a été encore donnée dans un sens défini, imposé par les besoins du milieu. Si, en France, l'esprit analytique tend à s'accentuer de plus en plus, il faut l'attribuer à l'esprit administratif qui lui-même vient de l'esprit d'épargne et de sécurité qui, sorti de la campagne, a pénétré dans les grandes agglomérations. Cela a engendré même l'Automatisme dans ses deux degrés, automatisme qui provient aussi de la vie militaire intensive.

Après cette digression à vol d'oiseau, je reviens à mon but. Il est indispensable qu'à l'École un soin tout particulier soit apporté pour le classement des élèves dans l'une de ces trois grandes divisions et, autant que possible, dans leurs subdivisions. On m'objectera, non sans quelque raison, que tout cela est bien délicat. Oui, c'est délicat, mais nous n'avons, pour réussir, qu'à chercher, trouver et payer grassement des esprits observateurs qui vivront avec les élèves.

Grâce à ce classement, on ne commettra plus certaines erreurs que je rencontre un peu partout.

La carrière technique et le bonheur matériel de nos futurs camarades valent bien la peine que nous ajoutions aux nombreuses préoccupations que crée leur éducation technique, celle de l'étude de leur tournure d'esprit.

De cette façon, si l'on nous demande des Ingénieurs pour un bureau d'études, nous saurons donner un camarade à esprit analytique qui s'y trouverait dans son élément et non un esprit synthétique qui ne ferait tôt ou tard ni plus ni moins qu'un raté, pour ne pas avoir été placé dans un milieu devant le conduire vers les conceptions d'ensemble.

Parmi les services qui exigent des esprits analytiques, il en est beaucoup qui demandent une certaine initiative et d'autres de l'automatisme. Je m'interdis de citer des exemples par un sentiment de réserve ; mais n'est-il pas certain que dans le service où l'automatisme s'impose, l'esprit d'initiative serait dans la torture et réciproquement.

Ce serait une erreur de penser que l'essentiel est de se placer d'abord et que le classement se fait plus tard spontanément. Une Administration, par exemple, est en général une Société anonyme, c'est-à-dire sans âme. Vous y entrez avec votre âme comme une simple unité, et là on ne peut pas s'attacher à l'étude de la tournure d'esprit d'une unité. Si vous avez eu la malchance de tomber dans un service qui est à côté de votre destination, vous vous en apercevez parfois beaucoup trop tard pour vous engager dans une autre voie.

Je n'éprouve pas le besoin de résumer mon étude ni de conclure, car elle n'est déjà qu'un exposé succinct de tout ce que j'avais à dire, et chacun de ses points porte en lui-même sa conclusion, soit implicitement, soit explicitement.

Mai 1904.

HUMBLOT ET SIMON — NANCY

www.ingramcontent.com/pod-product-compliance
Ingram Content Group UK Ltd.
Pitfield, Milton Keynes, MK11 3LW, UK
UKHW020330220726
13923UKWH00003B/1470